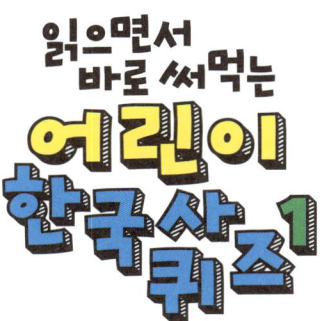

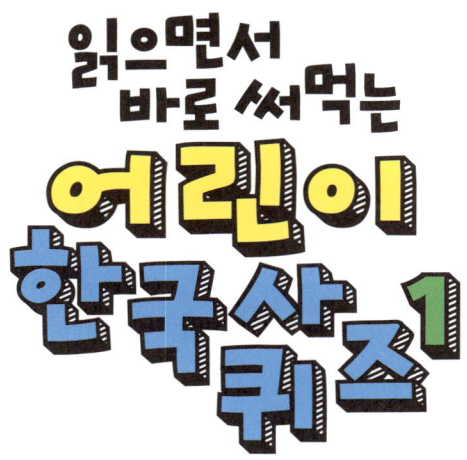

글·그림 한날
감수 전기현

작가의 말

  우리가 살아가고 있는 현재는 정말 놀라운 것들로 가득합니다. 우주선을 타고 저 멀리 우주를 여행하기도 하고, 손에 든 스마트폰으로 전화도 하고, 사진도 찍고, 무엇이든 그 자리에서 궁금한 것을 찾을 수도 있지요. 또 우리의 삶을 사람답게 살 수 있도록 지켜 주는 것들도 있어요. 우리 사회의 안전을 지키는 법이라든지 어른을 공경하는 도덕, 우리가 누려야 할 권리 같은 것들 말이에요.

  현재 우리가 사는 세상은 어떻게 이런 것들이 가능해졌을까요? 그 답은 아마도 과거 우리의 역사 속 선조들의 지혜와 경험들이 차곡차곡 쌓여 만들어진 결과물일 것입니다. 과거의 역사가 없는 현재는 절대 존재할 수 없기 때문입니다. 이것이 바로 우리가 역사를 바로 알고 배워야 하는 이유이기도 하지요. 과거가 없는 현재가 없듯 언젠가 현재는 미래의 과거가 될 것입니다. 그래서 역사를 통해 배운 교훈으로 현재를 올바른 방향으로 살아간다면 분명 우리의 미래 또한 더 나은 미래가 만들어질 거예요.

　《읽으면서 바로 써먹는 어린이 한국사 퀴즈 1》는 찹이 패밀리가 지구와 스노노를 구하기 위해 과거로 들어가 한국사 퀴즈를 풀며 고군분투하는 이야기가 담겨 있어요. 직접 역사 속 현장으로 들어가 위인을 만나고, 한국사 퀴즈를 풀어 보며 쉽고 재미있게 역사에 한발 다가갈 수 있었으면 하는 바람으로 쓰고 그렸어요.

　일촉즉발 역사의 현장 속에서 찹이와 친구들은 지구와 스노노를 구해 낼 수 있을까요? 어린이 여러분도 힘을 모아 머리를 맞대고 함께 퀴즈를 풀어 봐요.

한날

첫눈이 펑펑 내리면

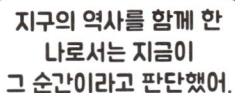

Chapter 1
석기 시대

구석기 · 신석기

Quiz 001
돌을 깨뜨리거나 갈아서 도구를 만들었던 시대는?

- 이 시대는 도구를 만드는 방법에 따라 두 시대로 나눌 수 있어.
- 구석기 시대와 신석기 시대, 맞지?

☐ ☐ | ☐ ☐

Quiz 002
구석기 시대, 돌을 깨뜨리거나 떼어 내서 만들었던 도구는?

- 돌을 무엇과 세게 부딪혀 떼어 내 만들었어.

☐ ☐ ☐

Quiz 003
구석기 시대 만능 도구로, 주먹에 쥐고 사용하던 돌도끼는?

- 자루가 없어 손에 쥐고 사용해야 했지.
- 끝이 뾰족하고 전체적으로 둥근 모양을 갖춘 석기라고.

☐ ☐ ☐ ☐

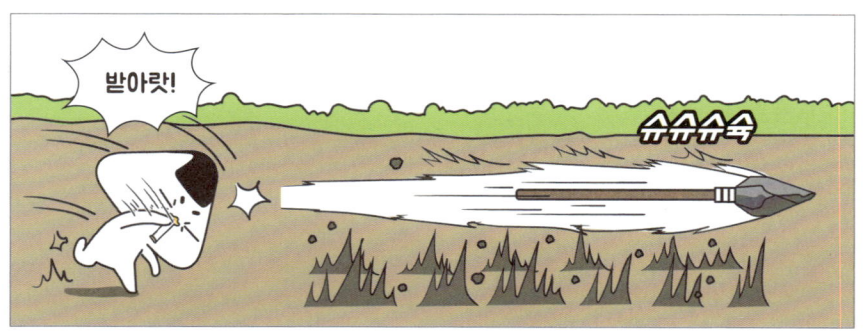

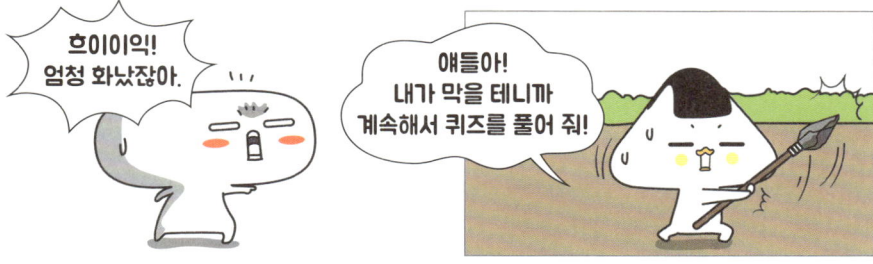

004
구석기 시대, 사람들이 추위를 피하거나 동물의 공격을 막기 위해 살았던 곳은?

> 대부분 '이곳'이나 '바위 그늘'에서 무리를 지어 살았지.

005
신석기 시대, 돌을 갈아 만들어 사용했던 석기는?

> 뗀석기보다 더 정교했던 석기야.

> 이것으로 사냥, 고기잡이, 농사짓기 등을 했어.

006
곡식을 저장하거나 음식을 담기 위한 신석기 시대 도구는?

> 흙으로 빚은 뒤 불에 구워 만든 그릇이야.

007
신석기 시대, 물고기나 조개를 주로 잡았던 곳은?

> 사람들은 '해안가'나 '이곳' 근처에 모여 집을 짓고 살았어.

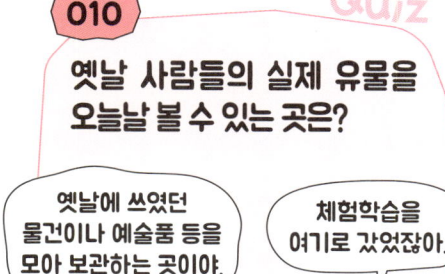

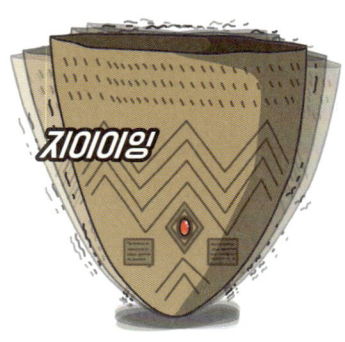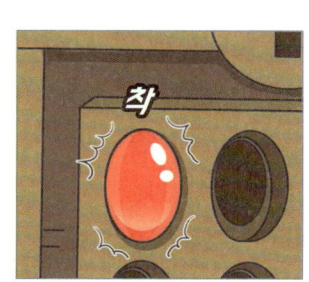

Chapter 2
고조선 시대

청동기

Quiz 011

신석기 시대 이후 거울, 검, 장신구 등을 만드는 데 쓰였던 재료는?

구리에 주석이나 아연을 섞은 것으로 아주 귀한 것이었어.

Quiz 012

청동기 시대, 부자와 가난한 사람이 나타나면서 생기게 된 것은?

지배자와 피지배자가 나뉘면서 자연스럽게 생겨났대.

Quiz 013

청동으로 만든 칼로, 모양이 비파라는 악기를 닮은 칼은?

칼날과 손잡이를 따로 만들어 조립했어.

앗! 퀴즈를 푸니까 문이 열리고 있어.

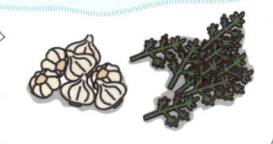

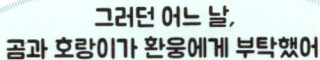

014 Quiz

우리 민족의 시조 신화로, 곰과 호랑이가 등장하는 신화의 이름은?

곰이 사람이 되어 환웅과 결혼해 단군을 낳았어.

☐ ☐ ☐ ☐

015 Quiz

최초의 국가, 고조선이 세워진 것을 기념하는 날은?

'하늘이 열리다'라는 뜻을 갖고 있어.

☐ ☐ ☐

016 Quiz

고조선의 본래 이름은?

후에 등장하는 이 나라와 이름이 같아서 구별하기 위해 옛 고(古)자를 붙인 거야.

☐ ☐

017 Quiz

고조선의 사회 모습을 알 수 있는 법은?

이 법은 '사람을 죽인 자는 사형에 처한다.'와 같은 8개의 법 조항이 있었지.

무섭다. 법을 잘 지킵시다!!

☐ ☐ ☐ ☐

018
고조선 시대, 평평한 돌로 무덤방을 만들어 덮개돌을 올려 만든 무덤은?

이것의 분포를 보면 고조선의 영역을 가늠할 수 있어.

019
청동보다 재료를 구하기 쉽고 단단하여 다양한 곳에 널리 쓰였던 도구는?

날카롭고 단단해서 무기도 만들고!

농기구도 만들어 사용했어!

020
고조선이 멸망하기 전 만주의 넓은 평야 지역에 세워졌던 나라는?

우리 민족의 두 번째 국가야.

왕과 네 부족의 부족장들이 힘을 합쳐 만든 '연맹 왕국'이었어.

후훗! 다 풀었어!

구슬은?

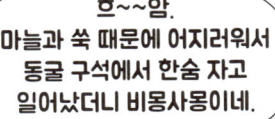

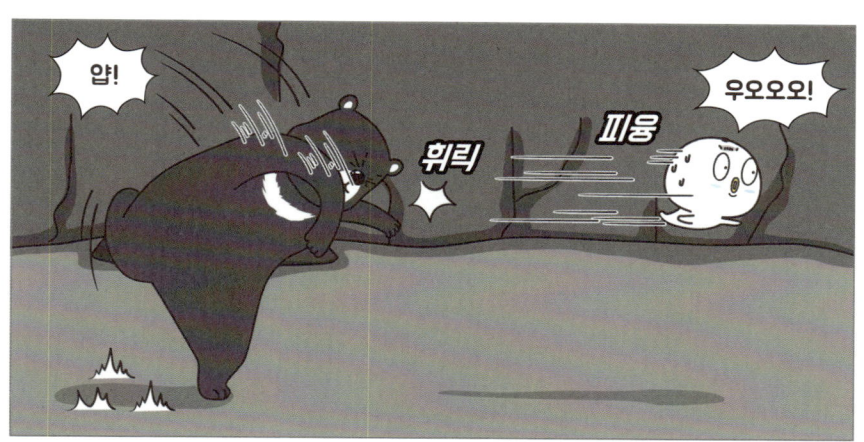

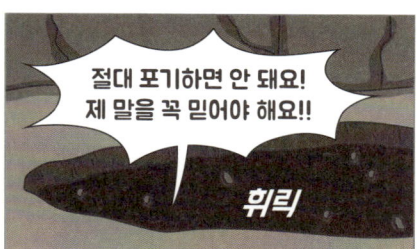

Chapter 3

삼국 시대

고구려 · 백제 · 신라

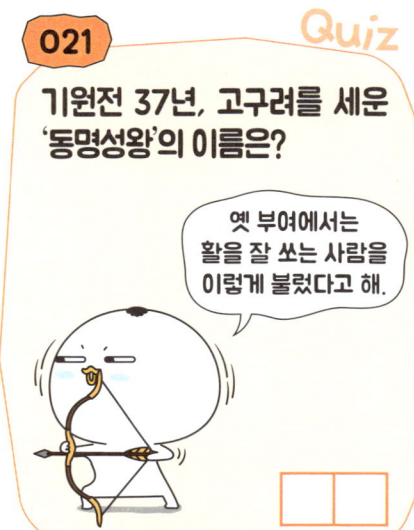
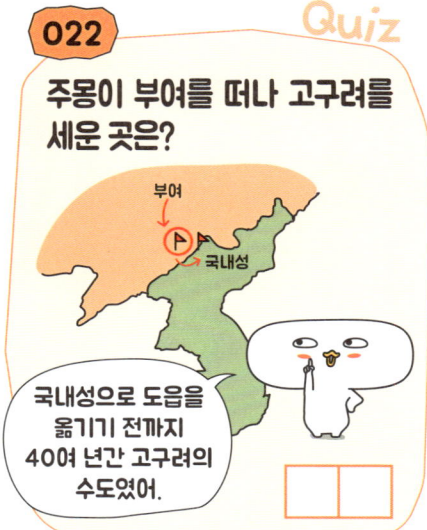

Quiz 025
고구려 소수림왕 때, 나라의 힘을 하나로 모으기 위해 받아들인 것은?

중국(전진)의 승려 순도를 통해 받아들인 종교야.

Quiz 026
영토를 사방으로 넓히며 고구려 전성기를 열었던 광개토대왕의 업적을 기리는 비석은?

우리나라에서 가장 큰 비석이야.

아들(장수왕)이 아버지(광개토대왕)를 위해 만들었어.

Quiz 027
평양으로 도읍을 옮기고, 한반도 중부 지역까지 세력을 넓혀 고구려의 전성기를 이끌었던 왕의 이름은?

아주 오래 살았다는 뜻의 이름을 가졌어.

Quiz 028
꾸준한 정복 활동으로 고구려가 전성기를 맞이한 세기는?

광개토대왕을 시작으로 장수왕(412~491년) 때 꽃을 피웠어.

한 세기는 100년으로, 201~300년을 3세기라 불러.

☐ 세기

031
고구려 무용총 〈접객도〉에서 사람의 크기가 서로 다르게 그려져 있는 것은 무엇의 차이 때문일까?

"이것에 따라 입고 있는 옷도 다르지."

032
삼국 시대, 주로 높은 관리가 되어 국가의 중요한 일을 결정하던 신분은?

"대부분이 많은 토지와 노비를 가지고 있었어."

033
남편이 아내의 집에서 한동안 함께 일하며 지내던 고구려의 풍습은?

"사람의 노동력이 중요했던 시절이었기에 생겨났던 풍습이야."

034
고구려 돌무덤으로 모습이 웅장해 '장군의 무덤'이라 불리는 무덤은?

"무덤의 주인이 누군지는 아직 확실하지 않다고 해."

035
한때 가난한 소금 장수였던 고구려 왕의 이름은?

목숨을 구하기 위해 고생스러운 머슴살이도 했었지.

036
고구려의 평강 공주와 결혼했던 고구려 장군의 이름은?

바보 ○○이라는 과장된 별명으로도 널리 알려져 있어.

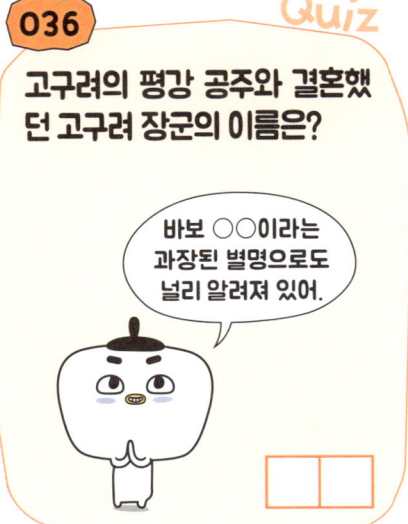

037
중국 수나라 양제가 이끄는 백만 대군을 무찌른 고구려 장군의 이름은?

이 전쟁을 살수대첩이라고 해.

대첩이라면, 우리가 크게 이겼구나!

038
고구려를 침략한 당 태종의 군대를 크게 무찌른 전투는?

안시성에서 일어났던 전투 아냐?

맞아. 이 전투로 당나라의 군대가 완전히 철수하게 되었지.

041
백제의 시조이자 나라를 세운 왕의 이름은?

동명성왕은 바로 나 주몽이야.

고구려를 세운 동명성왕의 아들이기도 해.

042
온조왕이 하남 지역에 처음 쌓았던 성은?

큰 강과 비옥한 들이 있는 곳이야.

043
백제의 원래 이름은?

나라를 세울 때 열 명의 신하가 도왔다는 뜻이었어.

044
온조왕의 형인 비류가 나라를 세우려 했던 곳은?

오늘날 인천 지역으로 추정되는 곳이야.

045
백제의 전성기를 이끌며 영토 확장, 역사서 편찬 등 많은 업적을 쌓은 왕의 이름은?

남해안 지역까지 영토를 넓혔대.

고구려를 공격해 큰 승리를 거두기도 했지.

046
백제의 왕과 싸우다 전사한 고구려 왕의 이름은?

평양성 전투에서 근초고왕과 싸우다 전사했어.

047
백제 근초고왕이 활약하기도 했던 시대로, 백제가 전성기를 맞이한 세기는?

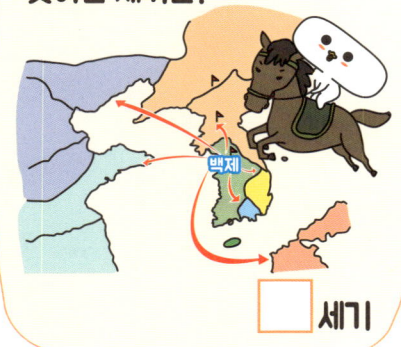

☐ 세기

오옷! 칠지도가 다시 붙었어!

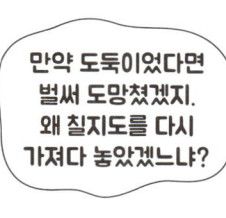

048

백제의 학자로, 왜로 건너가 학문을 전해 준 사람은?

"경서에 능통하여 '오경박사'에도 올랐었지."

049

고구려 장수왕의 공격에 한강 유역을 빼앗기고 목숨까지 잃은 백제 왕의 이름은?

"고구려 첩자 도림이 바둑으로 신뢰를 쌓아 잘못된 선택을 하게 했지."

050

백제의 고분 중 유일하게 주인을 정확히 알 수 있는 왕릉은?

"배수로 공사를 하다가 우연히 발견된 벽돌무덤이야."

051

정교하고 섬세한 백제의 금속 기술을 엿볼 수 있는 유물의 이름은?

"절터에서 발견된 금동 큰 향로야. 용과 연꽃의 모습이지."

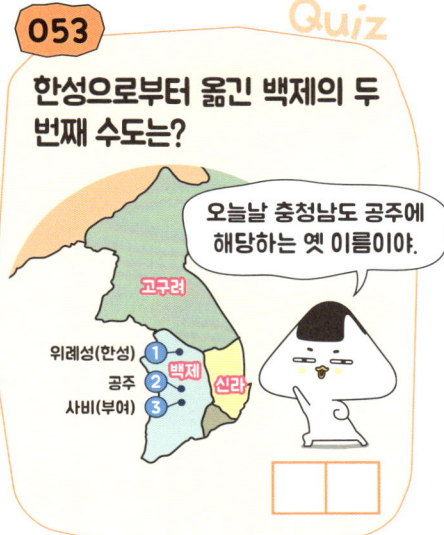

056
신라의 시조이자 첫 번째 왕의 이름은?

알에서 태어났다는 신화가 전해지고 있어.

057
천 년 가까이 신라의 수도였던 곳은?

이곳은 서라벌(금성)로도 불렸던 곳이야.

불국사, 석굴암 등 많은 유적이 남아 있지.

058
법흥왕을 도와 불교를 공인받는 데 큰 역할을 한 인물은?

그가 죽을 때 흰 피가 솟구쳤다는 전설이 있어.

휴~, 문제가 너무 어려워.

그래도 좀 더 힘내 보자!

059 우리나라 최초의 여왕의 이름은?

부모가 모두 왕족인 성골만이 왕위에 오를 수 있었기 때문에 왕이 될 수 있었어.

황룡사 9층 목탑도 세웠지.

060 고구려, 백제로부터 한강 유역을 빼앗아 영토를 넓힌 신라 왕의 이름은?

신라의 영토임을 알려 주는 네 개의 비석도 세웠어.

061 세속오계를 지키며 심신 수련과 학문을 연마한 신라의 청년 단체는?

신라 시대의 꽃미남들로도 유명해.

062 백제와 신라 사이에서 힘을 합치지 못해 결국 신라에 멸망한 연맹 국가는?

여섯 개의 작은 나라가 모인 연맹 국가였어.

063
신라의 신분 제도로, 태어날 때부터 여러 등급으로 나뉘었던 신분 제도는?

- 이 제도 때문에 능력이 있어도 관직에 오르지 못했지.
- 말도 안 돼!

064
하늘을 나는 천마도가 발견된 신라의 고분은?

- 천마도 외에도 금관과 장신구, 무기, 그릇 등 수많은 유물이 발굴되었어.

065
고구려 유민의 아들로 당나라의 장군이 되어 활약했던 사람은?

- 그의 서역 원정은 동서양 문화 교류의 길을 열었어.

066
고구려, 백제, 신라가 전성기에 서로 차지했던 공통 지역은?

- 한반도의 중심을 흐르는 큰 강 유역이야.

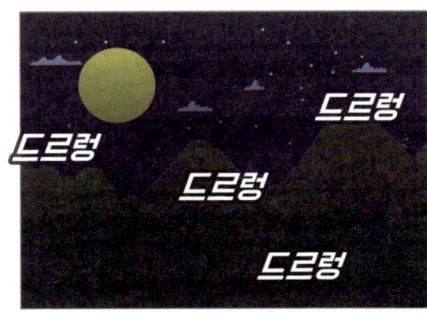

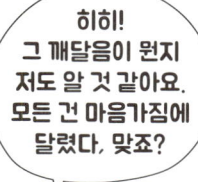

067
삼국 시대, 가장 낮은 신분은?

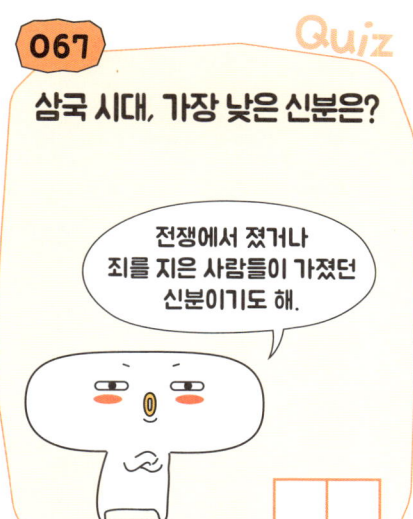

전쟁에서 졌거나 죄를 지은 사람들이 가졌던 신분이기도 해.

068
하늘의 별, 해, 달의 모습을 관찰했던 신라의 천문대는?

신라의 수도였던 경주에 있어.

069
신라의 귀족들이 나라의 중요한 일을 결정할 때 열었던 회의는?

귀족들이 모두 찬성해야만 결정을 내릴 수 있었어.

070
망하여 없어진 나라의 백성을 뜻하는 말은?

고구려와 백제가 멸망한 뒤 남은 이들을 가리키는 말이기도 해.

071
신라의 승려이자 설총의 아버지로, 불교를 널리 알리는데 기여했던 인물은?

072
당이 백제를 멸망시키고 백제의 옛 땅을 다스리기 위해 설치한 관청은?

073
나라에 세금을 내고 궁궐 짓기, 전쟁 등에 주로 동원되었던 신분은?

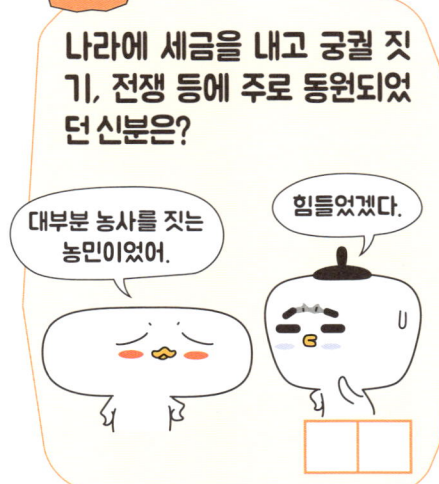

074
가야 출신의 신라 장군, 태종무열왕과 함께 영토를 넓히며 큰 공을 세운 인물은?

075
고구려의 주몽, 신라의 박혁거세, 가야의 여섯 왕들의 공통점은?

모두 이것에서 태어난 신비로운 존재라는 특징이 있어.

076
가야 지역에서 많이 생산되었던 자원은?

가야는 질 좋은 이것으로 다른 나라와 교역을 했어.

077
가야에서 만들어진 우리나라 전통 현악기는?

우륵이 이 악기의 곡을 만들었다고 해.

078
오늘날 울릉도에 자리해 있던 옛 나라의 이름은?

지증왕 때 신라에 복속되었어.

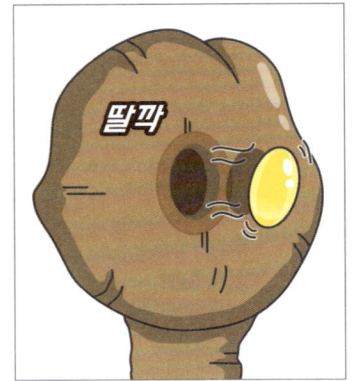

남북국 시대

신라 · 발해

079

백제의 공격에 궁지에 몰린 신라가 당과 손잡은 것을 이르는 말은?

신라의 '나(羅)'와 '당(唐)'의 글자에서 따 왔다고 해.

羅 나
唐 당

080

신라가 당의 20만 대군을 물리쳐 당을 한반도에서 몰아낸 계기가 된 전투는?

이 전투 후 나당전쟁의 분위기는 신라 쪽으로 완전히 넘어오게 되었어.

081

신라가 금강 하구에서 당의 수군을 물리친 나당전쟁의 마지막 전투는?

이 전투로 7년에 걸친 전투가 끝이 나게 되었어.

082

죽어서도 나라를 지키고자 했던 신라 왕의 무덤으로, 물속에 있는 무덤은?

대왕암이라고도 불러.

Quiz 083
이것을 불면 적이 물러가고, 나라의 모든 근심이 사라졌다고 전해지는 것은?

> 전설로 전해지는 신라의 피리야.

Quiz 084
한자의 음과 뜻을 이용해 우리말을 적는 표기법인 '이두'를 만든 사람은?

> 신라의 유명한 스님, 원효대사의 아들이기도 해.

Quiz 085
신라의 경덕왕이 아버지 성덕왕의 명복을 빌기 위하여 만들려 했던 종은?

> '에밀레종'이라고 부르기도 해.

Quiz 086
신라 불교 예술의 귀중한 유적으로, 김대성이 창건하고 혜공왕이 완성한 신라의 절은?

> '부처님의 나라'라는 뜻을 가진 절이야.

087 Quiz

불국사 삼층 석탑의 별칭은?

그림자가 없는 탑 (무영탑)이라는 별칭을 갖고 있어.

☐☐☐

088 Quiz

불국사에 있는 정교하고 화려한 탑으로, 10원 동전에 새겨져 있는 탑은?

탑의 돌계단에 놓인 돌사자는 한 마리만 남아 있어.

☐☐☐

089 Quiz

경주 토함산에 있는 우리나라의 대표적인 석굴 사원은?

신라 경덕왕 때 만들어졌어.

☐☐☐

090 Quiz

불국사 삼층 석탑에서 나온 세계에서 가장 오래된 목판 인쇄물은?

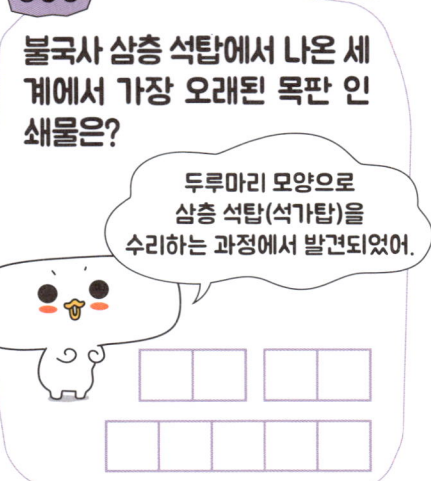

두루마리 모양으로 삼층 석탑(석가탑)을 수리하는 과정에서 발견되었어.

☐☐ ☐☐
☐☐☐

091

신라 시대 장군으로 당과 신라, 일본을 잇는 바닷길을 제패했던 인물은?

'해상왕'이라는 별명이 있어.

092

장보고가 세운 해상 기지는?

오늘날 전라남도 완도 지역에 위치해 있었어.

중국, 일본과 무역하던 곳이기도 하지.

093

당나라에 유학하여 과거에 급제하고, '격문'으로 이름을 알린 신라의 학자는?

신분제의 벽 때문에 당으로 유학을 갔지.

094

신라와 함께 200여 년간 남북국 시대를 이어 온 나라는?

고구려보다도 더 넓은 영토를 가졌던 나라야.

맞아. 그리고 이 나라는 고구려를 계승했어.

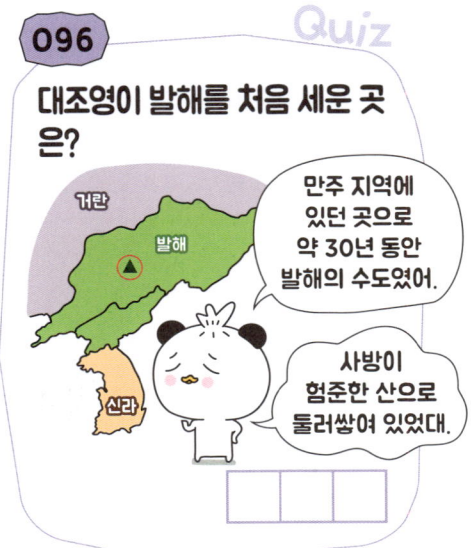

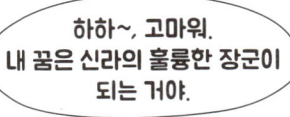

105
신라 왕족 출신으로, 후고구려를 세운 왕의 이름은?

> 무리한 왕권 강화로 왕위에서 쫓겨나고 목숨까지 잃었어.

106
신라의 경애왕이 신하들과 연회를 즐기다 견훤의 기습 공격을 받았던 곳은?

> 돌로 만든 도랑으로 멀리서 보면 전복같이 생겨 '전복 포(鮑)'를 넣어 이름 지었어.

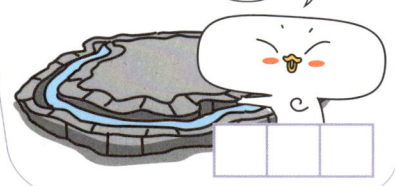

107
신라의 마지막 왕의 이름은?

> 고려를 세운 태조에게 항복했어.

> 고려에 항복한 뒤 왕건의 장녀 낙랑공주와 다시 결혼하였대.

108
신라 마지막 왕의 아들로, 고려에 항복하지 않고 금강산에 들어간 왕자는?

> 마로 된 옷을 입고, 풀뿌리와 나무껍질을 먹으며 남은 생을 보냈대.

Chapter 5
고려 시대

113 Quiz

고려가 후삼국을 통일하기 약 10년 전에 멸망했던 나라는?

태조 왕건은 이 나라의 유민들을 적극적으로 받아들였어.

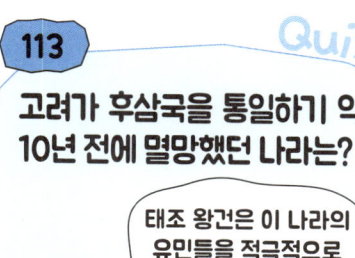

114 Quiz

태조 왕건이 호족을 통합하기 위해 출신 지역을 통제하도록 삼았던 것은?

이들은 수도에 머물면서 고향의 일에 관여했어.

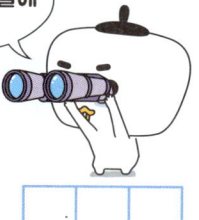

115 Quiz

백성들을 안정시키기 위해 호족들에게 지나치게 걷지 못하게 했던 것은?

태조 왕건은 원칙에 따라 이것을 거두게 했어.

백성들의 부담이 많이 줄었겠다.

116 Quiz

고구려의 옛 영토를 되찾기 위해 세운 고려의 정책은?

북쪽으로 나아간다는 뜻의 정책이야.

Quiz 117 태조 왕건이 옛 고구려의 영토를 회복하기 위해 중요하게 여겼던 요충지는?

오늘날의 평양에 해당하는 곳이야.

Quiz 118 태조 왕건이 후손들에게 남긴 10가지 가르침은?

내 유언이니 잘 듣거라. 불교를 장려하고, 농민의 부담을 가볍게…

왕건이 죽기 전 남긴 유언이야.

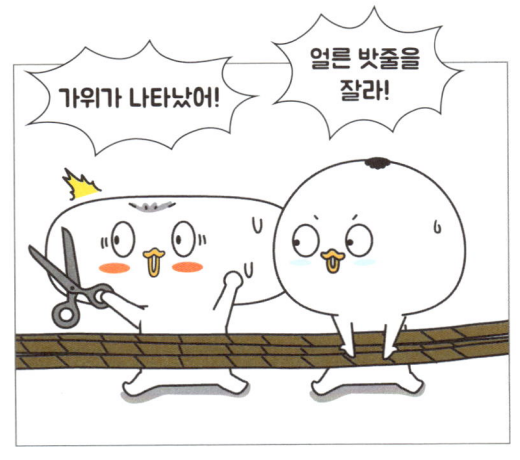

가위가 나타났어!

얼른 밧줄을 잘라!

싹뚝

119
우리나라에서 과거제도를 처음 실시한 왕의 이름은?

> 중국에서 고려로 귀화한 쌍기라는 인물의 건의로 과거제도를 만들었어.

120
고려 광종이 실시했던 노비 해방 정책의 이름은?

> 이 정책으로 호족들의 힘이 약해졌어.

> 반대로 왕권은 강화되었지.

121
고려, 최승로라는 인물이 성종에게 올린 상소문의 이름은?

> 최승로는 왕에게 상소 28개 조를 써서 올렸어.

122
개경 근처로 예성강 입구에 있던 고려의 국제 무역항의 이름은?

> 송, 일본, 아라비아 상인들까지도 드나들었대.

Quiz 123
고려가 가장 많이 무역 교류를 했던 나라는?

고려와 건국 초기부터 친선관계를 맺었던 중국 대륙의 나라야.

Quiz 124
아라비아 상인을 통해 세상에 널리 알려진 고려의 이름은?

오늘날 우리나라를 부르는 영어 이름이 이때 만들어졌다니, 대단하다!

Quiz 125
고려가 거란의 사신을 귀양 보내고, 예물로 가져온 낙타를 굶어 죽게 한 사건은?

이 사건으로 고려와 거란의 관계가 끊어졌어.

Quiz 126
거란의 장수 소손녕과 담판을 벌여 스스로 물러나게 했던 인물은?

뛰어난 외교술을 보여 준 인물이야.

거란의 1차 침입 때 일이지.

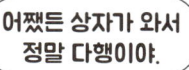

130
고려군에 계속 지면서도 개경을 향해 진격한 거란 장군의 이름은?

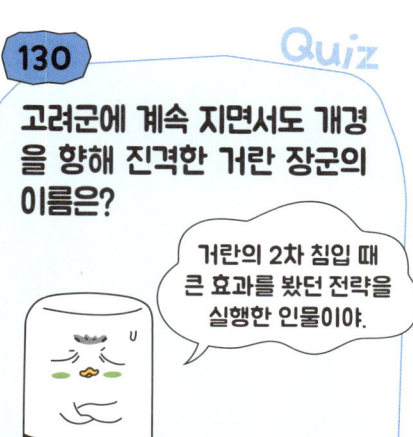

거란의 2차 침입 때 큰 효과를 봤던 전략을 실행한 인물이야.

131
전세가 불리해져 돌아가려는 거란군을 크게 무찌른 전투는?

거란의 3차 침입 때였어.

강감찬 장군이 승리한 전투야.

132
여진족이 힘을 키워 세운 나라의 이름은?

거란족이 세운 요를 멸망시킨 나라야.

황금

133
별무반이라는 부대를 이끌고 여진을 물리친 고려의 이름난 장수는?

문관 출신으로 여진 정벌에 큰 공을 세웠어.

Quiz 134
고려가 여진을 몰아내고 차지한 땅에 쌓은 9개의 성은?

쌓은 지 약 1년 만에 다시 여진에게 돌려주었어.

Quiz 135
고려의 수도를 개경에서 서경으로 옮기기 위해 일어났던 운동은?

폐하, 서경에 왕의 기운이 있사옵니다!

실패 후 묘청의 난을 일으키지.

Quiz 136
고려 의종 때, 무신들이 정변을 일으켜 권력을 차지한 사건은?

제대로 대접받지 못했던 무신들이 불만을 품고 일으킨 정변이야.

Quiz 137
북쪽의 유목 민족으로, 칭기즈 칸이 부족을 통일한 나라는?

세력이 커지면서 고려를 포함한 주변 나라에 침입했어.

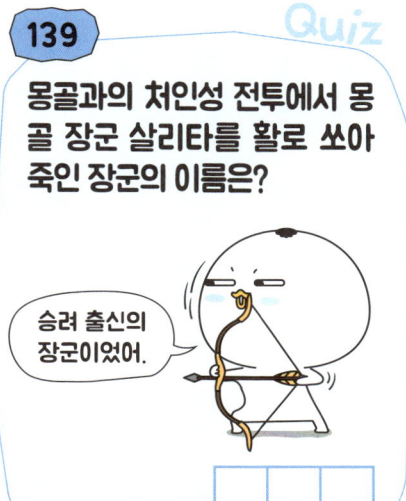

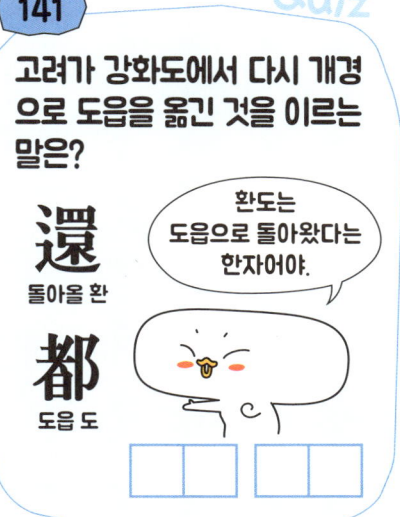

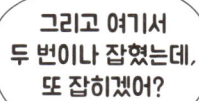

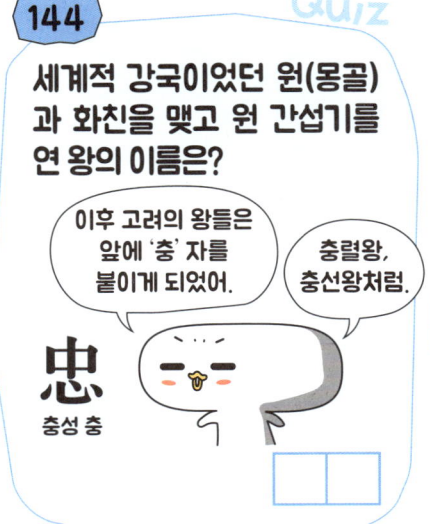

146 고려에 전해진 원(몽골)의 풍속은?

어때? 요즘 유행하는 머리야.
변발이라고 하지.

147 원(몽골)에 전해진 고려의 풍습은?

의복, 신발, 모자와 함께 만두, 떡 등의 음식이 전해졌어.

148 고려가 원(몽골)의 요구로 바치던 여성을 일컫는 말은?

수많은 여성, 환관들이 고향을 떠나 원으로 향할 수밖에 없었어.

149 쇠퇴한 원(몽골)에 맞서 영토를 회복하는 등 고려의 힘을 키우려 노력한 왕의 이름은?

몽골풍을 버리고 고려의 전통을 지켰어.
원의 간섭으로부터 벗어나려 했던 왕이야.

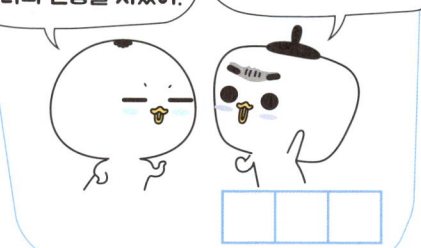

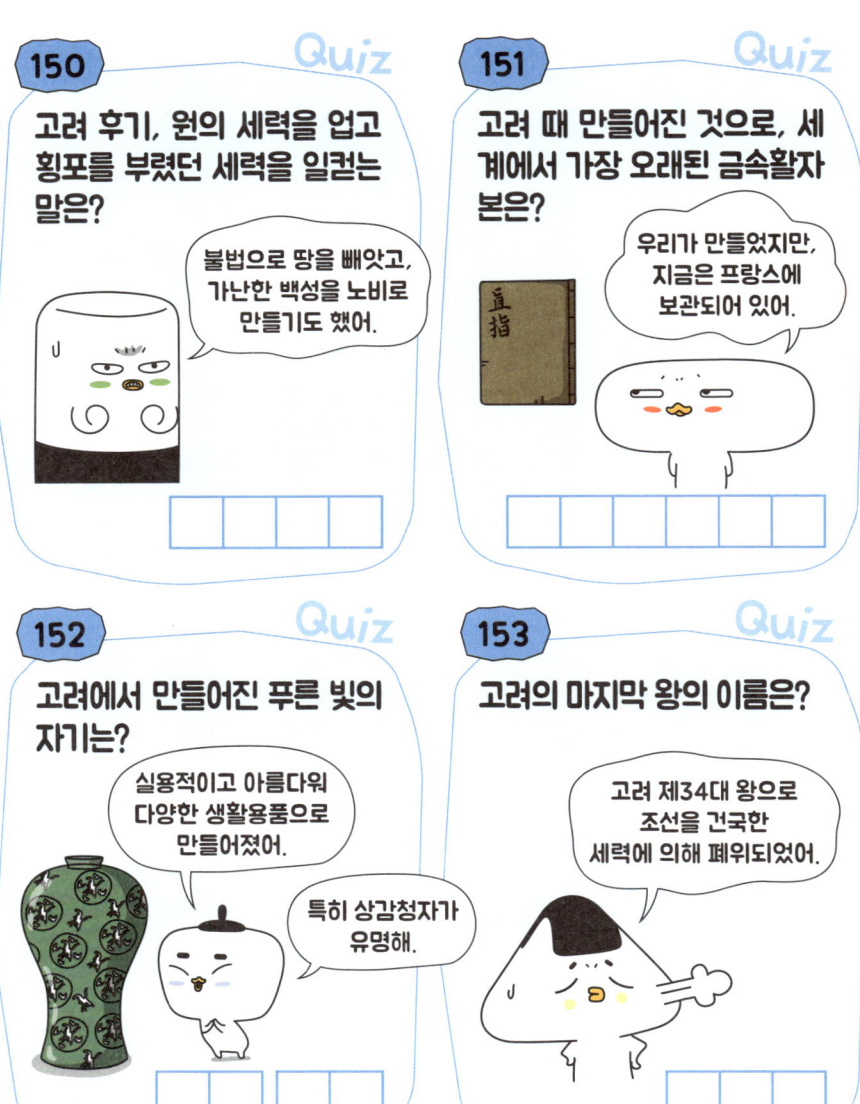

Chapter 1 석기 시대

- 001 석기 시대
- 002 뗀석기
- 003 주먹도끼
- 004 동굴
- 005 간석기
- 006 토기
- 007 강
- 008 가축
- 009 움집
- 010 박물관

Chapter 2 고조선 시대

- 011 청동
- 012 계급
- 013 비파형 동검
- 014 단군 신화
- 015 개천절
- 016 조선
- 017 8조법
- 018 탁자식 고인돌
- 019 철기
- 020 부여

Chapter 3 삼국 시대

고구려
- 021 주몽
- 022 졸본
- 023 소서노
- 024 대무신왕
- 025 불교
- 026 광개토 대왕릉비
- 027 장수왕
- 028 5세기
- 029 고분
- 030 벽화
- 031 신분
- 032 귀족
- 033 데릴사위제
- 034 장군총
- 035 미천왕
- 036 온달
- 037 을지문덕
- 038 안시성 전투
- 039 연개소문
- 040 거문고

백제
- 041 온조왕
- 042 위례성
- 043 십제
- 044 미추홀
- 045 근초고왕
- 046 고국원왕
- 047 4세기
- 048 왕인
- 049 개로왕
- 050 무령왕릉
- 051 백제 금동대향로
- 052 익산 미륵사지 석탑
- 053 웅진
- 054 성왕
- 055 의자왕

신라
- 056 박혁거세
- 057 경주
- 058 이차돈
- 059 선덕여왕
- 060 진흥왕
- 061 화랑
- 062 가야 연맹
- 063 골품제
- 064 천마총
- 065 고선지
- 066 한강 유역
- 067 노비
- 068 첨성대
- 069 화백 회의
- 070 유민
- 071 원효대사
- 072 웅진도독부
- 073 평민
- 074 김유신
- 075 알
- 076 철
- 077 가야금
- 078 우산국

Chapter 4 남북국 시대

신라
- 079 나·당 연합
- 080 매소성 전투
- 081 기벌포 전투
- 082 문무대왕릉
- 083 만파식적
- 084 설총
- 085 성덕대왕 신종
- 086 불국사
- 087 석가탑
- 088 다보탑
- 089 석굴암
- 090 무구 정광 대다라니경
- 091 장보고
- 092 청해진
- 093 최치원

발해
- 094 발해
- 095 대조영
- 096 동모산
- 097 해동성국
- 098 무왕
- 099 정혜공주 묘
- 100 상경 용천부
- 101 신라도
- 102 거란
- 103 호족
- 104 견훤
- 105 궁예
- 106 포석정
- 107 경순왕
- 108 마의태자

Chapter 5 고려 시대

- 109 왕건
- 110 고구려
- 111 혼인
- 112 29명
- 113 발해
- 114 사심관
- 115 세금
- 116 북진 정책
- 117 서경
- 118 훈요 10조
- 119 광종
- 120 노비안검법
- 121 시무 28조
- 122 벽란도
- 123 송
- 124 코리아
- 125 만부교 사건
- 126 서희
- 127 강동 6주
- 128 개경
- 129 강감찬
- 130 소배압
- 131 귀주 대첩
- 132 금
- 133 윤관
- 134 동북 9성
- 135 서경천도운동
- 136 무신정변
- 137 몽골
- 138 강화도
- 139 김윤후
- 140 팔만 대장경
- 141 개경 환도
- 142 삼별초
- 143 제주도
- 144 원종
- 145 정동행성
- 146 몽골풍
- 147 고려양
- 148 공녀
- 149 공민왕
- 150 권문세족
- 151 직지심체요절
- 152 고려 청자
- 153 공양왕

2판 16쇄 2025년 8월 11일
초판 1쇄 2021년 12월 24일

글·그림 한날

펴낸이 정태선
펴낸곳 파란정원
출판등록 제395-2010-000070호
주소 서울특별시 은평구 가좌로 175, 5층
전화 02-6925-1628 | **팩스** 02-723-1629
제조국 대한민국 | **사용연령** 8세 이상 어린이
홈페이지 www.bluegarden.kr | **전자우편** eatingbooks@naver.com
종이 다올페이퍼 | **인쇄** 조일문화인쇄사 | **제본** 경문제책사

글·그림ⓒ2021 한날
ISBN 979-11-5868-224-8 73030

이 책은 저작권법에 따라 보호받는 저작물이므로 무단 전재와 무단 복제를 금지하며,
이 책 내용의 전부 또는 일부를 이용하려면 반드시 저작권자와 파란정원(자매사 책먹는아이·새를기다리는숲)의 동의를 얻어야 합니다.
*잘못된 책은 구입하신 서점에서 바꿔 드립니다.